La ciencia, la tecnología y la COVID-19

Grace Hansen

En colaboración con el Dr. Anthony Ritchie

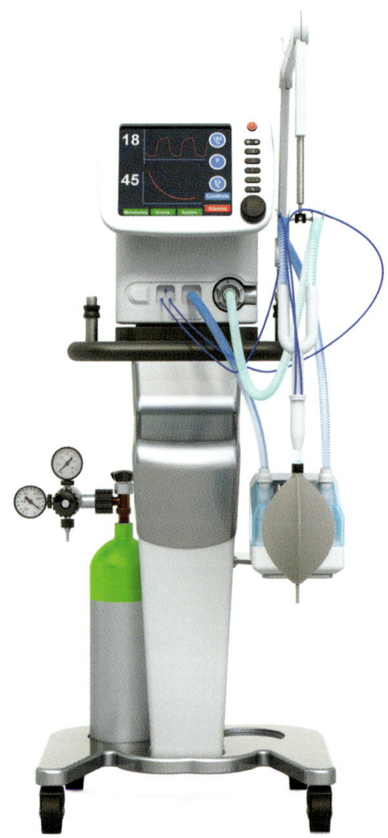

Abdo
EL CORONAVIRUS
Kids

Abdo Kids Jumbo es una subdivisión de Abdo Kids
abdobooks.com

abdobooks.com

Published by Abdo Kids, a division of ABDO, P.O. Box 398166, Minneapolis, Minnesota 55439.

Abdo Kids Jumbo™ is a trademark and logo of Abdo Kids.

Printed in the United States of America, North Mankato, Minnesota.

102020

012021

THIS BOOK CONTAINS RECYCLED MATERIALS

Spanish Translator: Maria Puchol

Photo Credits: Alamy, AP Images, Getty Images, iStock, Science Source, Shutterstock

Production Contributors: Teddy Borth, Jennie Forsberg, Grace Hansen
Design Contributors: Dorothy Toth, Pakou Moua

Library of Congress Control Number: 2020948161

Publisher's Cataloging-in-Publication Data

Names: Hansen, Grace, author.

Title: La ciencia, la tecnología y la COVID-19/ by Grace Hansen

Other title: STEM and COVID-19. Spanish

Description: Minneapolis, Minnesota: Abdo Kids, 2021. | Series: El Coronavirus | Includes online resources and index

Identifiers: ISBN 9781098208721 (lib.bdg.) | ISBN 9781098208868 (ebook)

Subjects: LCSH: Immunotechnology--Juvenile literature. | Medical technology--Juvenile literature. | Biomedical research--Juvenile literature. | Epidemics--Juvenile literature. | Communicable diseases—Prevention--Juvenile literature. | Health--Juvenile literature. | Spanish language materials--Juvenile literature.

Classification: DDC 610.28--dc23

Contenido

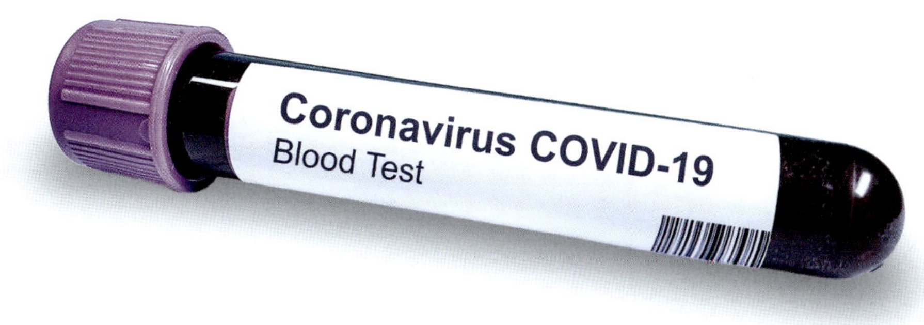

La ciencia, la tecnología y la COVID-19

Durante el brote de la COVID-19

los científicos e **ingenieros**

tuvieron un complicado trabajo.

Su esfuerzo continúa salvando

vidas hoy en día.

La COVID-19 es una enfermedad causada por un tipo de **coronavirus**. La mayoría de la gente con la COVID-19 tiene tos y fiebre. Algunas personas pueden tener más complicaciones, incluso morir.

La ciencia y la tecnología salvan vidas

La COVID-19 puede afectar a los pulmones. Cuando los pulmones de los pacientes fallan, usan un respirador. Esta asombrosa máquina respira por ellos.

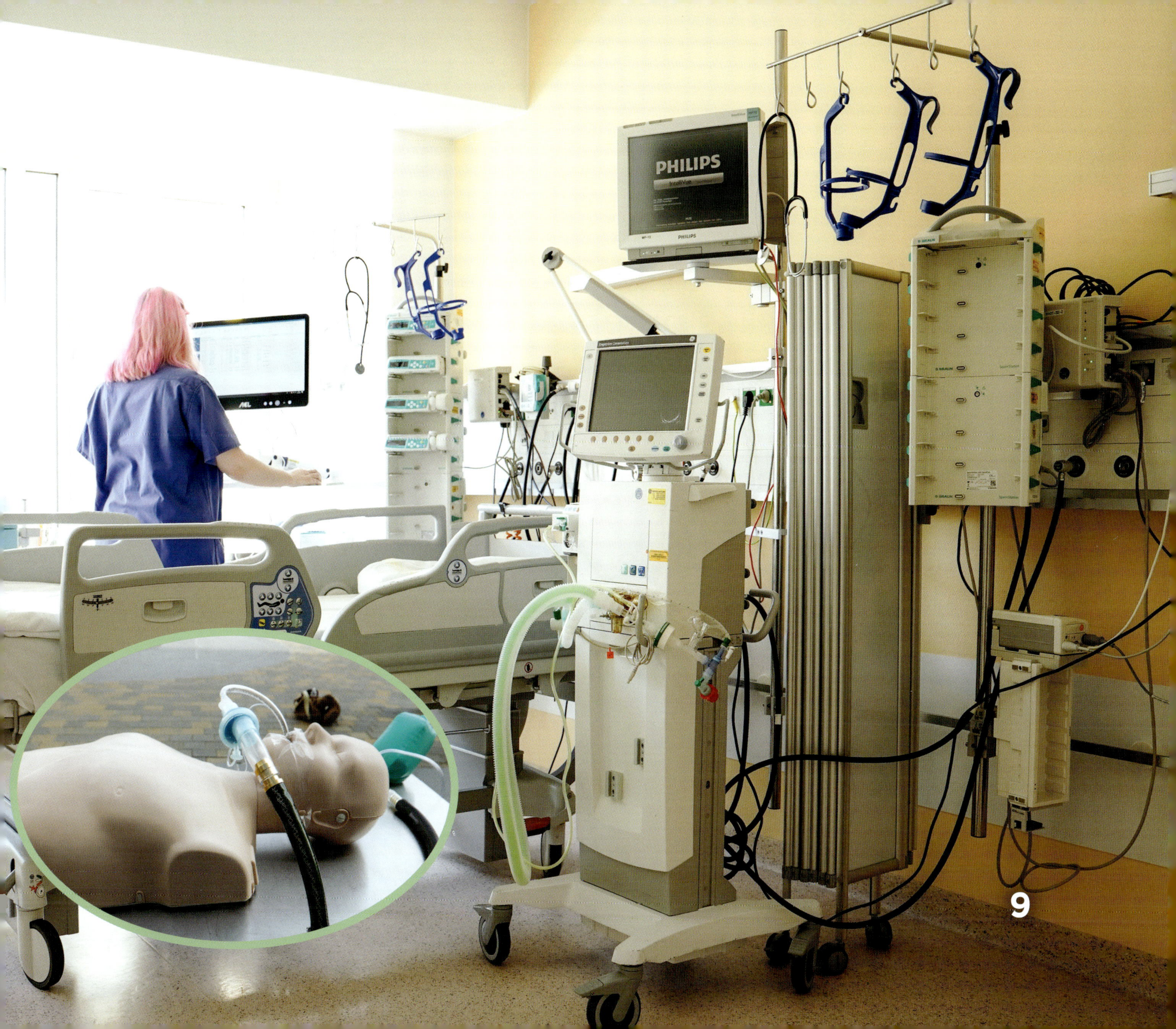
PHILIPS

Son necesarias las pruebas rápidas de la COVID-19. Cuanta más gente se haga la prueba, más información se tiene. Esa información sirve para no propagar el **virus**. ¡Así se salvan vidas!

HomeKet

Conseguir una vacuna también ayuda a salvar vidas. Una vacuna contiene el **virus** que causa una enfermedad, pero el virus está debilitado o muerto.

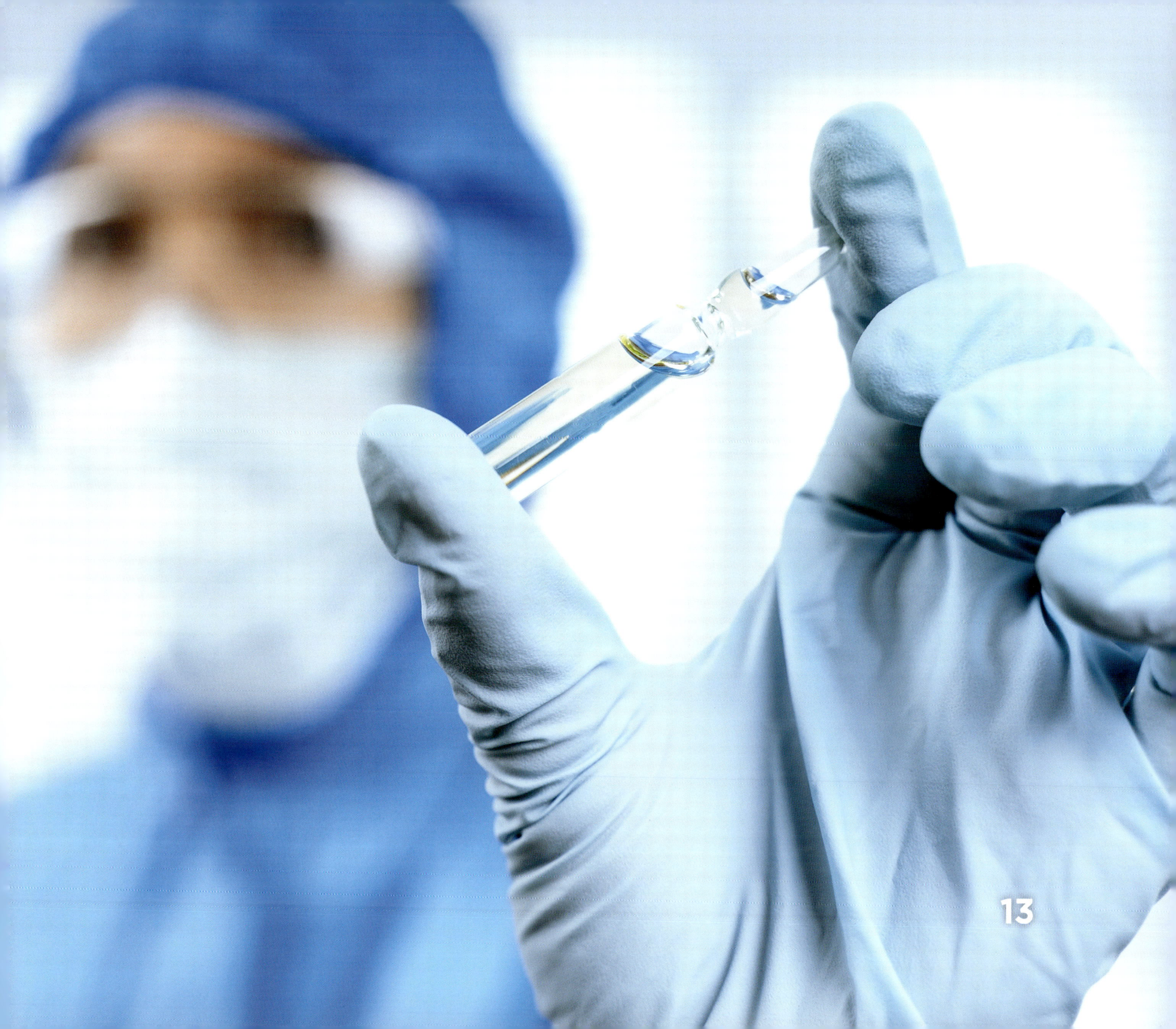

Las vacunas introducen **virus** en el **sistema inmunitario**. Este sistema crea **anticuerpos** para atacarlo.

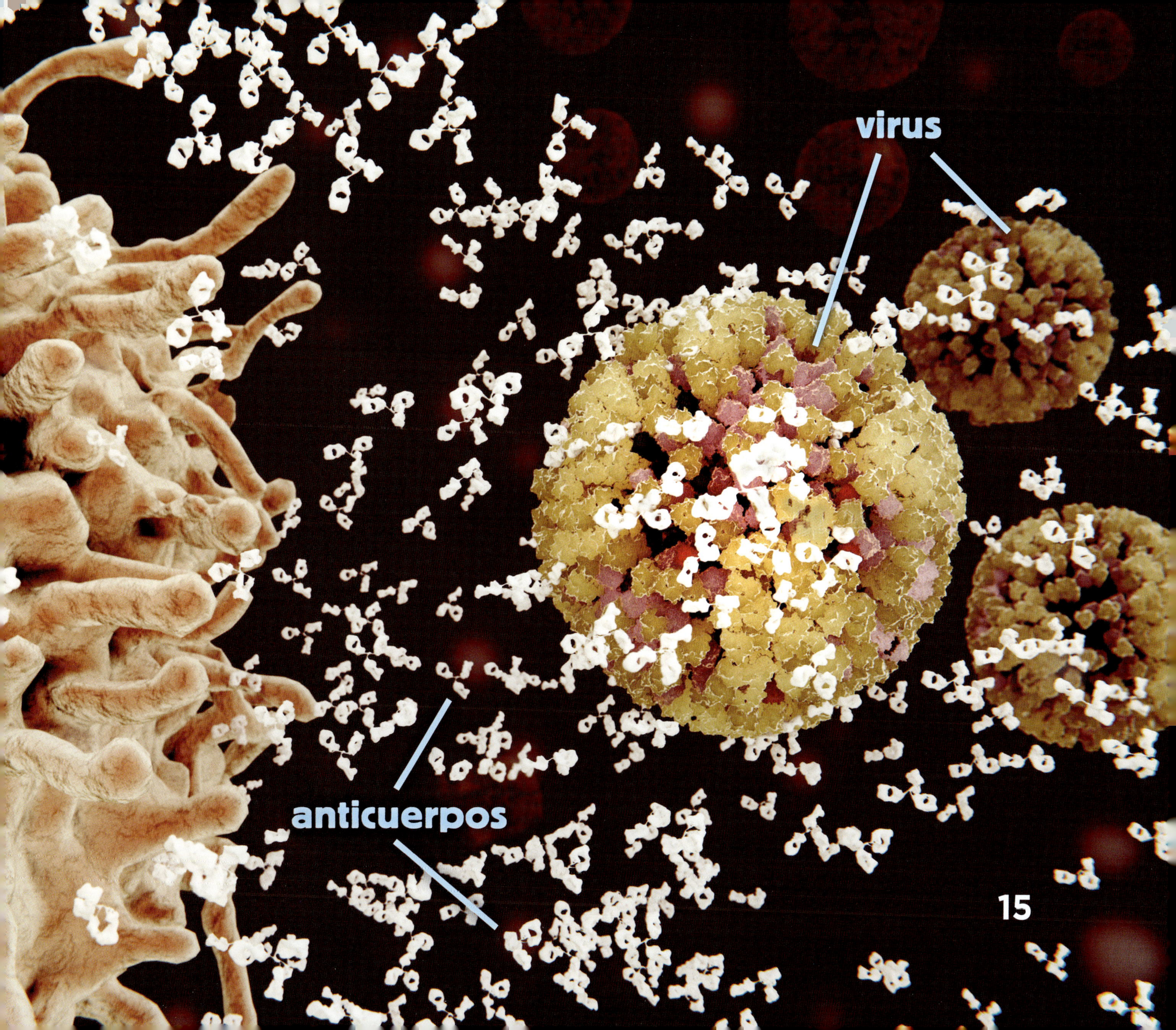
virus
anticuerpos

La gente que se ha recuperado de la COVID-19 también pueden ser de ayuda. Su **sistema inmunitario** ha fabricado **anticuerpos** que combaten al **virus**. Estos anticuerpos pueden ayudar a los todavía enfermos.

0.5
1.5
2
2.5

Los drones son más que una diversión durante una crisis sanitaria. Pueden llevar provisiones médicas a los hospitales. También reparten medicamentos a la gente que no puede salir de sus casas.

Los robots sanitarios ayudan en el cuidado de los pacientes de la COVID-19. Gracias a los robots los médicos pueden comunicarse con los pacientes sin entrar en sus habitaciones. Los robots pueden comprobar los **signos vitales** de los pacientes, como la presión sanguínea o la temperatura. Pueden incluso limpiar los hospitales.

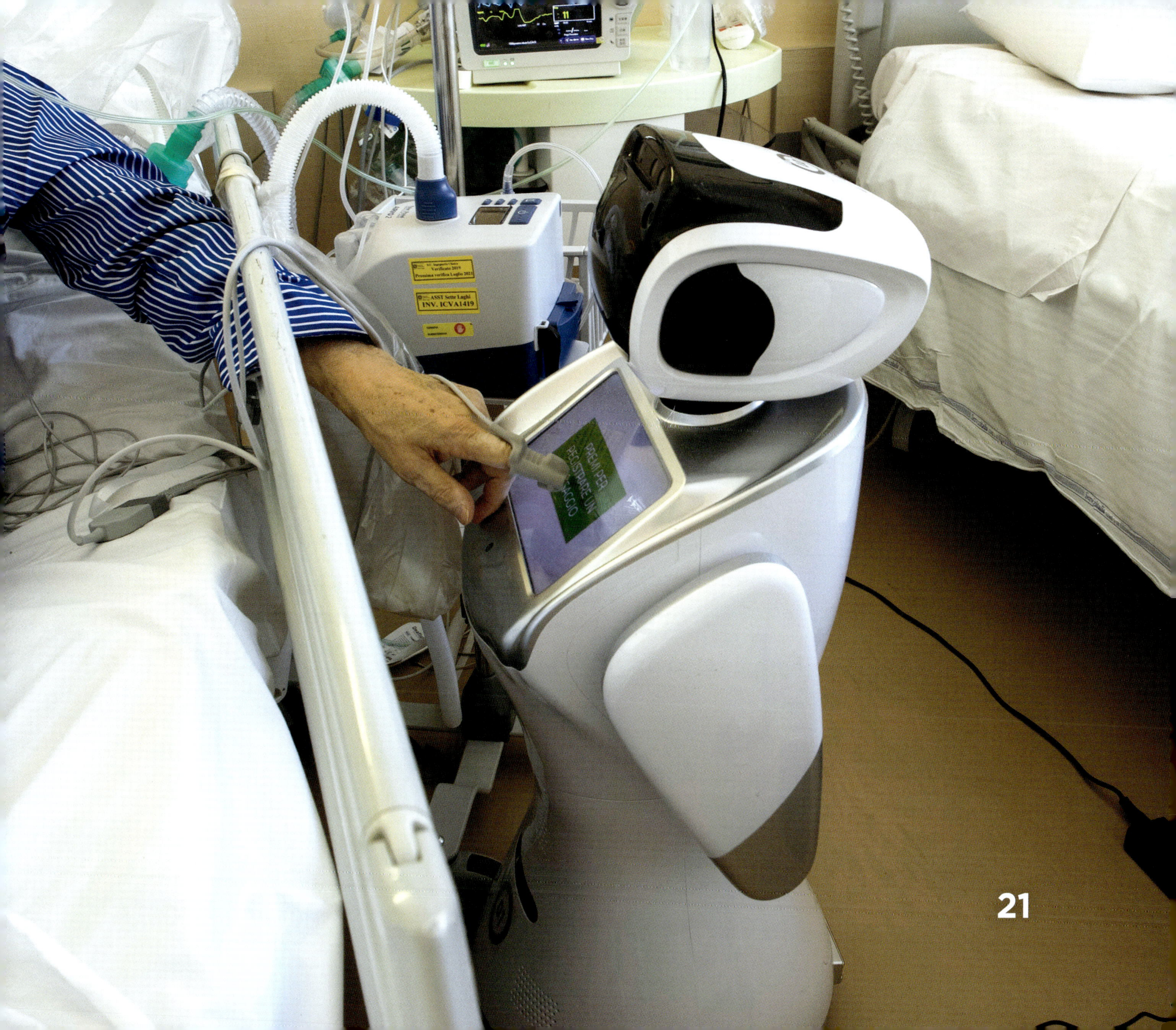
ASST Sette Laghi
INV. ICVA1419

Más información sobre la COVID-19

- COVID-19 es la abreviatura en inglés para la enfermedad del **coronavirus** 2019.
- La COVID-19 es una enfermedad causada por una cepa de coronavirus que se llama SARS-CoV-2.
- SARS-CoV-2 es la abreviatura en inglés para coronavirus del síndrome respiratorio agudo grave de tipo 2.
- Los síntomas más comunes de la COVID-19 son la tos, la fiebre y la dificultad para respirar.

Glosario

anticuerpo – proteína en la sangre que reacciona a los virus neutralizándolos o destruyéndolos. Los anticuerpos proveen de inmunidad contra los virus.

coronavirus – virus causante de enfermedades. La mayoría de los coronavirus causan enfermedades en los humanos, desde resfriados comunes a enfermedades mortales.

ingeniero – persona preparada en el uso y diseño de maquinaria y tecnologías.

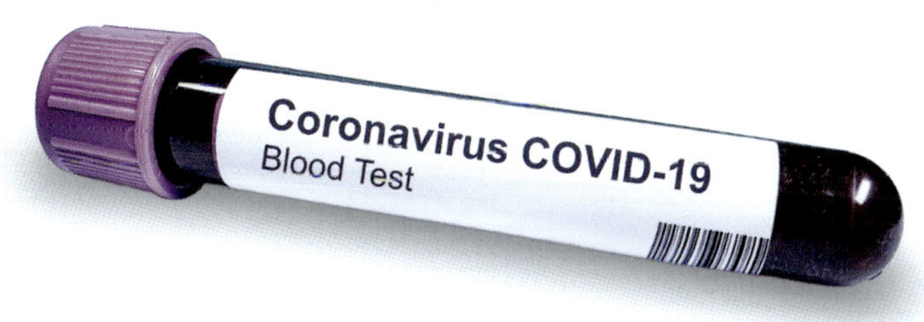

signos vitales – también conocidos como constantes vitales, son los indicadores más importantes de la salud de una persona, por ejemplo, el pulso, la temperatura y la presión sanguínea. Muestran el estado de las funciones necesarias para vivir.

sistema inmunitario – sistema corporal que protege al cuerpo detectando la presencia de virus causantes de enfermedades y destruyéndolos.

virus – organismo diminuto que puede reproducirse sólo en células con vida. Los virus pueden causar enfermedades en humanos, animales y plantas.

Índice